Rumis
Blick

Gedichte
von Levent Özdil

Bibliografische Information der Deutschen Nationalbibliothek:
Die Deutsche Nationalbibliothek verzeichnet diese Publikation in der Deutschen Nationalbibliografie; detaillierte bibliografische Daten sind im Internet über dnb.dnb.de abrufbar.

Herstellung und Verlag:
BoD – Books on Demand, Norderstedt
ISBN: 978-3-752671-47-6

Inhalt

WORTE, DIE DIE STILLE IN SICH TRAGEN

Wer bin ich? Das ist wohl die tiefste
Frage, die sich ein Mensch stellen kann.
Wenn die Antwort sich im Fragenden
entfalten darf, erblüht die Gottesfeier
im Menschen selbst.

Die folgenden Gedichte sind ein purer
Ausdruck dieser unendlichen Feier.
Sie erfasst den Leser dort, wo
Berührbarkeit auf das Wortlose trifft.

Der Ort, an dem Poesie entsteht:
Aus dem reinen Herzen, das den Kuss
des sehenden Geistes erwidert.

Wer mit Rumis Blick sieht, sieht mit den
Augen der Liebe.

Nicole Paskow

Ich kann dich nichts lehren,
weil nur du alles entdecken kannst.

Ich kann Dir nicht die Richtung weisen,
denn nur dir zeigt sich der Weg.

An diesem Nicht-Ort,
wo der Träumer zum Traum wird,
webt sich jeder Augenblick zu einem
unendlich bunten Teppich,
auf dem und in dem sich keine Faser
von der anderen unterscheidet.

Levent Özdil

GEH AN DEN RAND

Geh an den Rand
eines jeden Gedankens.

Geh über die Planke,
zum Tode verurteilt,
und lass DICH los.

Im Fallen erkennst du,
dass es kein Fallen gibt.

Das, was du bist,
liegt in jedem Augenblick.

IM SPIEGEL SELBST

Ich bin der Raum und der Inhalt.
In mir entsteht das Fenster,
durch das es sieht
und gesehen wird.

Im Lichtschein spiegelt sich
sein Antlitz,
und ist der Spiegel selbst.

Im Spiegel selbst
fällt alles zusammen,
der Blick geht immer
in die Unendlichkeit.

Jetzt.

DER BERG UND
DIE WELLE AUCH

Der Schmerz ist
der Berg, über den
ich steigen muss.
Er ist die Welle,
über die ich immer wieder
schwimmen muss.

Irgendwann ist der Berg
nicht mehr der Berg,
die Welle nicht mehr
die Welle,
Ich nicht mehr Ich.

Und dann bin ich der Berg
und die Welle,
und der Berg bin ich
und die Welle auch.

Und jetzt ist alles eins.

GESCHICHTEN

Dein Blick erzählt die Geschichte
meiner Wirklichkeit.
Deine Worte erzählen mir
die Geschichte deiner Wahrheit.

Und so sind es nur Geschichten,
die wir uns
inbrünstig, mit allem Ernst und aus
purer Leidenschaft erzählen,

weil sie für jeden so wirklich sind
wie der schwere Stein,
der mir auf den Fuß fällt.

DERWISCH

Der Derwisch tanzt,
sein Kreisen ist vollkommen.

Vollkommen ist der Ausdruck.

Ein Kreisen in sich,
die Stille in der Mitte.

Die Mitte ist immer still
und sie ist überall.

Wo ist die Mitte von was?

Alles ist die Mitte.
Selbst wenn sich scheinbar alles
im Kreise dreht,
gibt es nur diesen stillen,
leeren,
freien,
friedlichen,

voll-kommenen,
wortlosen,
ortlosen
Moment.

Der Derwisch tanzt die Liebe,
die er ist,
versunken in sich selbst.

Und darin ist ES hellwach,
in vollkommener Verbindung
mit sich selbst.

Der Derwisch träumt von Gott,
der in diesem Augenblick
in ihm zum Leben erwacht.

ALLES DARF

Wenn nichts mehr
deinen Weg behindert,
darf jedes Hindernis erscheinen.

Wenn die Wolken sich zerstreuen
und verschwinden,
kannst du den Himmel sehen,
in dem alles auftaucht.

Wenn deine Gedanken
und Gefühle
und Bilder
zu sich selbst werden dürfen,
wirst du sehen,
dass du die Unendlichkeit bist,
in der alles ist.

SIEH DAS KIND

Wenn ich etwas will,
lasse ich es.
Jeder Gedanke will.
Er will gesehen, angesehen,
betrachtet werden.

Es ist nicht sein Inhalt,
der etwas will.
Das ist nur die Ablenkung
und Illusion.

Der Gedanke selbst ist es,
der sein will.

Ich sehe den Gedanken.
Er will gesehen werden.
Ich sehe ihn.

Und so lasse ich, immer mehr.

GEFANGENER WÄCHTER
(IDENTIFIKATION)

Du stehst vor mir
und siehst und sprichst
und schreist mich an.
Du bist alles, was ich sehe.
Es gibt nichts außer dir.

Da ist kein rechts und links von dir,
kein über oder unter dir.
Da bist nur du.

Mein Leben lang stehst du schon vor mir
und siehst und sprichst und schweigst
mich an.

Irgendwann während einer deiner
endlosen Tiraden entdeckt etwas mich.
Ich kann es nicht sehen, aber plötzlich ist
eine Ahnung seiner Anwesenheit da.

Also folge ich und
entdecke deine Ränder.

Ich trete einen Schritt zurück
und sehe zwischen deinen Worten
und Bildern hindurch.

Ich entdecke die Ewigkeit,
in der es nichts gibt außer dir,
weil ich alles bin.

SPIELE, DIE WIR SPIELEN

Es gibt keinen Anfang
und auch kein Ende.

Kein Augenblick beginnt,
und endet auch nicht.

Warst du jemals
nicht hier?

Hier, in diesem Da-Sein?

Anfang und Ende sind Spiele.
Spiele, die wir spielen.

Das Herz und der Blick
steigen hinab in das Bad aus
Traumtropfen.

Geburt und Tod sind der gleiche
Augenblick im gleichen Augenblick.

Anfang und Ende sind Spiele.
Spiele, die wir spielen.

Manchmal völlig überzeugt davon,
manchmal den Kloß
im Hals spürend und
trotzdem ganz still dabei.

NAMENLOS

Ich schlafe und bin doch wach.

Ich bin wach und träume.

Wenn es kein innen und außen
mehr gibt, wenn ich mich vollends
entkleide von jedem Augenblick,
wo die Angel ausgeworfen wird,
um den Halt zu fangen, den ich zu
brauchen gelernt habe –
wenn ich Hingabe bin –
wenn ich der lose Faden
am Seil einer Schaukel bin,
die vom Wind umwoben wird –
wenn ich der Spiegel im Spiegel bin –
wenn ich –
wenn ich –
wenn, wenn, wenn.

Ich bin.
Ich bin die Wahrheit.
Die Wahrheit ist, ich bin.

Die Wahrheit bin ich.

Ich trinke mich
mit jedem Schluck des Augenblicks.

Ich zerfasere jeden fest geknüpften
Teppich, egal wie weich
und schön und geliebt er ist.
Jede Faser ist der Teppich,
jeder Atemzug ist Liebe,
ich löse die Liebe
in sich selbst auf und aus.

Tanze nicht mit dem Wind,
wenn du ihn festhalten willst.

Tanze mit dem Tanz.

MELODIE

Mein Herz öffnet die Augen
und lächelt mich an.

Es liebt seine Melodie wie
ein schüchternes Kind,
das dem warmen Sommerregen
seine Liebe gesteht,
ohne je ein Wort dafür zu brauchen.

Ich bin das Kind, das immer öfter
staunend entdeckt.

AUGENBLICKS-
SCHMETTERLINGE

Wasser fließt und schmiegt sich.

Deine Stimme fließt, sie schmiegt sich
zwischen jeden Herzschlag,
in die Ritzen meines Atems,
durch den die Unendlichkeit
sich selbst entdeckt, eingefangen
in einem Wassertropfen.

Wir jagen Augenblicks-Schmetterlinge,
am liebsten die ganz bunten.
Doch wir müssen sie töten,
um sie festhalten zu können.

Lass deinen Glauben
zwischen deinen Fingern zerrinnen
und sieh die Stille
deiner eigenen Handflächen.

DIE GRUBE

Ich stehe vor der Tür
und öffne sie
vorsichtig nicht.

Wenn ich
den Geschmack meiner Lieblingsfarbe
am Spätnachmittag eines
Septembertages
zu beschreiben versuche,
grabe ich mir mit meinen Worten
die Grube, in die ich falle.

Eitelkeit
ist das verwöhnte Kind,
das nach Aufmerksamkeit hungert,
während es immer fetter
und träger wird.

Siehst du das Papier vor dir?

GEDANKEN-FLIEGEN

Meine Ahnen stehen mahnend über mir
und sprechen:

„Du jagst deine Gedanken-Fliegen,
doch du wirst sie niemals erwischen.

Sie sind das, was dich ablenkt
von dem Moment, bevor
ein Konzert beginnt,
bevor dein Name als Gewinner
ausgerufen wird und alles
in dir vibriert,
bevor der letzte, ewige Schritt
gegangen wird.

Lass ab, lass los, ent-sage!"

Ich sehe die Ahnen-Gedanken-Fliege.

SPIEGEL UND TÜR

Alles rauscht vorbei,
Menschen und Flüsse und Melodien.

Augenblicke, die sich
wie ein Regenbogen
von einer Unendlichkeit
zur nächsten spannen,
und doch nur *eins* sind.

Darin öffnet sich eine Tür,
die hinter den Spiegel führt.

Sieh die andere Seite
der anderen Seite.

All-Ein im Tanz,
die Liebe ist ein Herz, das aufgeregt und
beschämt und stolz und endlos
in den Augen eines Kindes
Planeten entstehen lässt.

Gott ist die Feier,
das Gebet,
der sich selbst träumende Traum.

Stille ist sein Wesen.
Darin verschwinde ich durch diese
unendliche Tür.

RUMIS BLICK

Meine Taschen sind leer,
und mein Königreich ist überall.

Rumis Blick trifft mich
an diesem ortlosen Ort,
der in mir erscheint.

Ich sehe die Fülle und Leere,
ich bin Raum und jede Form darin,
alle Grenzen werden
davongewaschen.

Wohin ich sehe, bin ich
und wo ich bin, sehe ich.

TAUCHER

Das Kind erwacht
zum ersten Traum.

Die Tiefsee empfängt
einen Taucher,
der plötzlich ins Wasser springt,
um bis zu seinem
eigenen Grund vorzudringen.

Die Pflaume in der Hand ist kühl.
Was berührt sich?

Ein Tropfen kann tausende Kilometer
von seiner Meeresherde entfernt sein,
und dennoch
sind sie niemals getrennt.

Wie soll sich jemals
mein Blick von sich selbst entfremden?

DAS AUGE DES STURMES

Jede deiner Bewegungen
trifft mich.
Jeder deiner Schritte ist ein
weiterer Ton
dieser einzigartigen Melodie.

Die Blumen heben andächtig ihr Antlitz,
um zu lauschen.

Das Auge des Sturmes ist das
stille Auge,
das den Sturm sieht,
das Eine ist niemals zwei.

Das Sehende ist das Gesehene
im Sehen.

Dieses Haus wurde niemals gebaut
und ist niemals eingestürzt.
Und dennoch sehe *ich* es.

MANTRA

Mein Herzschlag ist das Mantra,
das sich in sich selbst spiegelt
und darin völlig eins ist.

Alles gibt sich hin.

UNSAGBAR

Das, was es ist,
das Unsagbare,
ist ein Kind voller Sehnsucht,
das weder schlafend noch wachend
in einem Kinosessel sitzt
und mit großen, weiten Augen
völlig im Film verloren ist.

Das, was du bist,
du Unsagbares bist alles.

Es gibt keinen Gott außer dir.

Du versteckst dich in mir,
weil ich dich sage.

Du bist der Tanz, der Schatten,
die Stille, das, was niemals endet.

Du bist eine Umarmung mit sich selbst
in mir.

Die Umarmung der Umarmung.

Ich selbst bin alles.
Und nichts.
Ich bin
und ich bin nicht.

Alles ist der Blick nach sich selbst,
durch sich selbst,
in sich selbst.

EWIGKEIT

Ich steche kleine Löcher
in die Ewigkeit
und blicke durch das Nadelöhr
eines unbeschreiblichen Bildes.

Ich schmecke die Kirsche
und ihre ganze Geschichte,
sie ist der Ausdruck ihrer selbst.

Ich bin immer hier.

VERSCHWINDEN

Ich gehe hinein
in alles, was da ist.

Darin verschwinde *ich*.

Ich werde zu etwas,
um zu erkennen,
dass ich *es* bin.

Ich werde zum Wort,
um dadurch
in Erscheinung zu treten.

Es sagt sich und verschwindet.

IM SEE DER TRÄUME

Ich wische mein Gesicht
aus dem Spiegel
und sehe dahinter.

Stell dir vor, du fällst
für immer nach hinten.

Im See der Träume
ist die Unendlichkeit
ein Traum.

SCHLÜSSELLOCH

Alles fließt zum Mittelpunkt.

Wenn du die Augen schließt
und der Musik lauschst
und sie dabei in dir suchst,

dann wirst du niemals
den Ort finden, wo sie ist,
und trotzdem wird sie
so in dir sein,
dass du sie bist.

Wenn kein Gedanke
sein Netz über mich wirft
und mich gefangen hält,
bin ich das, was ist.

Ich bin nicht der Ort,
an dem es passiert.

Ich bin nicht die Mitte,
die getroffen wird.
Ich bin nicht die Gefühle,
auch wenn ich sie fühle.

Ich ist das Kind,
das durch ein unmögliches
Schlüsselloch spitzt,
um einen Blick auf
sich selbst zu erhaschen.

Und wenn das
gesehene Kind zurücksieht
zu sich selbst,
dann sind sie eins.

Zieh' den Vorhang der
Gedanken beiseite und
sieh das Tageslicht.

REGENBOGENFARBEN

Bemale die Wände
deiner Tage
mit Regenbogenfarben und
erfülle dich mit
ihrer Schönheit.

Sei der Fluss
des Augenblicks und
fließe zu dir selbst,
bis du die Quelle
deiner Göttlichkeit erkennst.

Tanze auf den Noten
jedes Tones und
tanze in ihre
Herrlichkeit hinein,
bis du darin verschwindest.

Türen

Ich habe dich
mein Leben lang gesucht,
doch du
warst immer schon da.

Du bist die Säule
meines Tempels
und ich bin der Tempel
für deine Unfassbarkeit.

Das, was berührt wird,
ist die Berührung
seiner selbst
ohne Berührung.

Wie kann ein Traum
sich selbst träumen?,
fragt der Verstand
und steht vor Türen,

die weder hinein
noch hinaus führen.

An diesem ortlosen Ort,
diesem Nicht-Ort
der Unendlichkeit,
betrachtet das Spiegelbild
sich selbst und
entdeckt darin.

ZUM ERSTEN MAL

Ich bin das, was die Wellen des Lebens
immer weiter bewegen.
Alles atmet ein und aus,
ein einziges Pulsieren
zwischen den Momenten.

Wir sind der Rauch über dem Feuer,
wir sind die Lichtpartikel
im Auge Gottes.

Wir erkennen sein Dasein,
wenn wir uns erscheinen
und den Nachthimmel
unseres Sehens durchschwimmen,

nackt und frierend und atmend
und leer von jedem Schatten,
der uns unser Licht verdunkelt.
Spüre deinen Atem zum ersten Mal.

DER STILLE BLICK

Der stille Blick verharrt in sich.

In ihm erscheint ein Bild.
Ein Tropfen fällt aus sich in sich
und lässt den Tanz beginnen.

Wenn sich nichts bewegt,
dann ist nichts, das *sich* bewegt.

Wo ist die Trennung zwischen dir
und deinem Spiegelbild?

Was ist, kann nie von sich geschieden
sein, und so ist alles in einem,
und das Eine in allem.

All-Ein mit *sich* selbst, an diesem Ort
verschwindet jedes Wort in sich.

VON EINEM STILLEN SOMMERNACHMITTAG

Du pickst am Boden, kleiner Vogel,
bist emsig, frei und unbeschwert.
Du hüpfst durch meine Weite
und findest darin einen Platz,
ein Nest, einen wärmenden Blick.

In dir sehe ich meine eigene Freude,
mein Sein und Tun.

Du bist der Spiegel für meine Liebe.

Dich zu sehen ist ein unendliches
Wunder, dich zu erfahren
ein geheimnisvolles Flüstern,
eines, wie zwei fröhliche Kinder
vergnügt und voller Leben miteinander
teilen, umarmt von einem
stillen Sommernachmittag.

VERSUCHE ES

Beschreibe die
Sprachlosigkeit
mit Worten.

Versuche es.

Und falle
immer wieder
auf Anfang.

VOLLKOMMEN

Namenlos und still
bist du das Bett,
in dem ich träume.

Du bist ein Bild
in meiner Pupille,
in deinem Fließen
bewegt sich mein Blick.

Wo ist der Tropfen im Meer,
wo mein Atem im Wind?

Vollkommenheit ist eine zarte
Schneeflocke, zerbrechlich
wie das Herz eines Lächelns.

So selbstverständlich deine
Aufmerksamkeit für dich selbst.

DAS FEUER, DAS WIR SIND

Das Feuer, das wir sind,
ist ein Flammenchor,
der über sich selbst hinauswächst.

Alles verliert sich im Fluss des Seins.

Wohin der Blick auch geht,
er liest nur im Buch
seiner eigenen Herrlichkeit.

Und alle Worte und Bilder darin
bewegen dieses Herz,
das manchmal taub ist
für den Klang des eigenen Wunders.

BEDENKT DER FLUSS
SEINEN WEG?

Zögert er oder kehrt um,
weicht willentlich aus
oder folgt seinen Gefühlen?

Fällt der Regen aus Boshaftigkeit
oder weil er traurig ist?

Ist das Meer rasend
vor Wut und Wahnsinn?

Sei Wasser
und lass dich vom Leben leiten.

Fließe zu dir selbst,
liebe jede Wendung des Weges
und erkenne deine eigene Größe,
wenn du dich mit dem letzten
Tropfen deines Selbst vereinst.

Schatten fangen

Du bist das sanfte Wehen
an einem Sommernachmittag,
das den Vorhang bewegt,
ihn hin und her wiegt und
mit seinem Atem umfängt.

Du bist ein Vater an einem
Sommernachmittag,
der seinen Sohn schlägt
und seine eigene Lüge glaubt.

Du bist der Zaun zu einem
verliebten Garten,
an dem ein Gedicht an Dich steht,
während eine alte Frau
auf ihrem Weg innehält
und diese Worte in ihre
Gedankentaschen füllt.

Du bist das heimliche Flüstern
der Blätter eines Traumbaumes
auf einer weißen Hauswand,
angebetet vom Sonnenlicht.

Du blickst dir selbst in die Augen,
immer und jetzt,
du bist und bist nicht.

Dich zu beschreiben ist wie
der Versuch meinen eigenen
Schatten zu fangen und in meiner
Hosentasche nach Hause zu tragen.

IM TRAUM STERBEN

Ich bin die Tiefe,
in der ich verglühe,
immer weiter falle ich
in mich.

Ich bin mein Schatten,
der Spiegel,
der nichts sieht
und alles erschafft.

Mich zu erfahren heißt
im Traum zu sterben
und in der Ewigkeit
zu erwachen.

Ich schmecke
meine eigene Unbeschreiblichkeit.

ZUM ERSTEN MAL

Werde taub und blind und stumm
für einen Augenblick.

Lass die Pfeile deiner Suche
für einen Augenblick ruhen,
sie verlieren sich nur
in der Unmöglichkeit des Findens.

Falle zurück an einen Ort,
der nicht existiert.

Sei hier, so sehr,
dass das Hier
in sich selbst verschwindet.

Fließe zurück zu deiner Quelle
und erfahre zum ersten Mal die Stille.

BERÜHRUNG I

Beschreibe mir
das Unbeschreibliche.

Berühre die Essenz deines Seins –
so flüchtig wie
der Duft einer Erinnerung.

Es gibt keine Stille
in der Stille,
denn sie ist.

Durch dich.

Berührung II

Wenn Gott in allem ist,
wie kann er dann nicht
in deinem Schmerz sein?

Gott ist jedes Atom,
der Gedankentraum,
er ist in jedem Partikel,
das in den Strahlen der Sonne tanzt.

Dein Blick ist immer eins.

Nie zerfällt er in einzelne Teile,
Du siehst alles.

Den Trick der Unterscheidung
spielt nur dein Geist.

Er ist der Finger, mit dem Gott
sich selbst berührt.

GESCHMOLZENES WACHS

Ich bin der brennende Docht
in einem See
aus geschmolzenem Wachs.

Ich verzehre mich
und bin das Licht,
die Flamme,
die Liebe,
der tanzende Schatten.

Darin harrt still der Blick
in sich selbst hinein.

Komm! Sei mein Gast
und schöpfe aus mir,
denn ich bin hier.

Am Abgrund

Auch wenn ich am Abgrund wandle,
so bin ich nicht allein,
denn ich bin bei mir,
in diesem Augenblick der Ewigkeit.

DER GEDANKE

Was mir Kopfschmerzen macht,
sind meine Gedanken.
Ständig springe ich
über einen See aus Angst,
von
      einem
             Gedankenstein
      zum

nächsten,
 getrieben von der Angst zu fallen.

Doch die Wahrheit darin ist,
dass all das
nur ein Gedanke ist.

Der Gedanke jagt sich selbst.
Der Gedanke unterhält sich selbst.
Der Gedanke spielt sich selbst.

STILLE

Zwei Enten
erkunden die Tiefe des Sees.
Sie tauchen ein.

TIEFE UND BREITE UND LÄNGE

Das Nichts
hat Tiefe und Breite
und Länge, wenn es will.

Das Nichts
besteht aus Schichten
und Augenblicken,
aus Bildern voller Träume.

Und doch ist alles nichts.

FLUSSBETT

Die Berge
sind das Flussbett
für die Wolken.

Ein Wolkendrache
steigt herab über den Berg,
er trifft auf einen
Wolkendinosaurier.

Sie kämpfen
und werden im Kampf
eins.

Das Eine
fließt das Flussbett der Berge hinab.

So ist alles, was ist.

WENN ICH ANKOMME

Du bist der Berg,
den ich erklimmen will,
um über mich selbst
hinauszusehen.

Du bist die Hürde,
die ich bin.
Du bist die Angst,
die in mir ist.
Wenn ich ankomme,
werde ich schweigen.

UNBERÜHRT

Ein Maschendrahtzaun
zerteilt das Feld dahinter
in kleine Kästchen,
ohne das Feld zu zerteilen.

Alles, was scheint,
ist nur eine Illusion.

Alles, was erscheint,
erscheint nur so,
wie ich es sehe.

Ich sehe den Zaun
und das unberührte Feld dahinter.

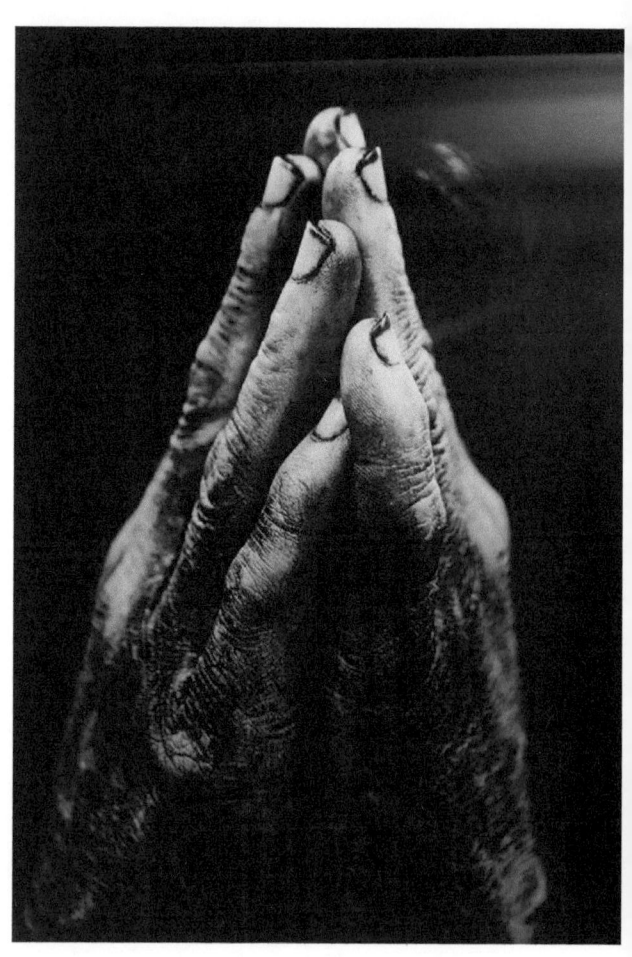

ZUHAUSE

Ich höre, ich sehe,
ich fühle und schmecke.

Welch Geschenk,
was für eine Liebe der Augenblick ist.

Ich tauche ein in das Meer,
das ich bin, und erfahre.

Darin ist alles, was ist.
Es gibt nur Zuhause.

ALLES IST

Du bist die regennasse Straße
am Abend.

Schaufensterlicht tropft hier
in jede Pfütze und auf das
Schimmern des Augenblicks.

Du bist das Gebet, das in allem lebt.
Dein Schwarz ist die
Unmöglichkeit von nichts.

Du bist die Entdeckung
der Entdeckung.

Du bist, weil ich bin.
Ich bin, weil du bist.
Alles ist.

Levent Özdil

www.leventoezdil.de
www.leventoezdil-seminare.de

Levent Özdil ist Jahrgang 1976. Er ist
Schauspieler, Regisseur, Seminarleiter
und nicht zuletzt ein lebenstrunkener
Poet, der das Dasein in all seinen
Facetten liebt.

Raum für Notizen